Inhalt

Geschäftsmodelle - Die Unternehmen erneuern sich

Kernthesen

Beitrag

Fallbeispiele

Weiterführende Literatur

Impressum

Geschäftsmodelle - Die Unternehmen erneuern sich

M.Dengl

Kernthesen

- Viele Unternehmen nutzen die Zeit nach der Finanzkrise zur Erneuerung ihrer Geschäftsmodelle. Unternehmensstrategien stehen vermehrt auf dem Prüfstand.
- Die Erschließung neuer Märkte erfordert neue Geschäftsmodelle.
- Eine wichtige Rolle spielt die Unternehmensfinanzierung und deren Kompatibilität mit dem Geschäftsmodell.
- Bei der Entwicklung nachhaltiger Geschäftsmodelle könnten deutsche Unternehmen eine Vorreiterrolle

übernehmen.

Beitrag

Passende Geschäftsmodelle beeinflussen Wachstum

Spätestens seit der Finanz- und Wirtschaftskrise stehen neue Geschäftsmodelle auf der Agenda vieler Unternehmen. Laut einer Studie, die der Lehrstuhl für Betriebswirtschaftslehre der TU Berlin mit Oliver Wyman durchführte, sehen sogar die Mehrheit der Befragten (immerhin 74,3 Prozent) eine sehr hohe Zustimmung zur Größe und Komplexität des Geschäftsmodells als wichtigstes strategisches Risiko für Unternehmen. Auslöser sind zum einen die veränderten externen Rahmenbedingungen, zum anderen aber auch einfach interne Notwendigkeiten. In vielen Branchen verändern sich die Wettbewerbsstrukturen nachhaltig. Neue Branchen entstehen, alte werden gar obsolet. Auch Innovationsfähigkeit und Kundenorientierung werden ständig noch wichtiger. Viele Unternehmen stehen vor der Herausforderung, ihr Geschäft noch mehr zu globalisieren und die Eroberung neuer Absatzmärkte, wie Indien, China und Südamerika kann ein neues Geschäftsmodell erfordern. (9),

Fest steht: Mit der richtigen Strategie und dem passendem Geschäftsmodell kann das Wachstum eines Unternehmens entscheidend beeinflusst werden. Sobald sich die Geschäftsführung im Klaren ist, welchen Weg das Unternehmen künftig einschlagen soll, kann das jeweilige Geschäftsmodell umgesetzt werden. Eine aktive Auseinandersetzung mit unterschiedlichen Szenarien hilft neue Geschäftsmodelle zu erproben.

Viele Firmen müssen sowieso mehrgleisig fahren. Einerseits soll beispielsweise das Filialgeschäft gestärkt werden und andererseits darf auch das Onlinegeschäft nicht vernachlässigt werden. In dem Fall käme das sogenannte Multichannel-Retailing zum Einsatz und der nahtlose Übergang zwischen den Vertriebsformen Online- und Filialhandel wäre gefordert. Je nachdem müssten daraus unterschiedliche Maßnahmen initiiert werden. Eine gute Onlinepräsenz hilft beispielsweise Kunden dabei, ihre Kaufentscheidung in die Tat umzusetzen. Das Filialgeschäft hingegen kann durch die Einführung einer Gift Card angekurbelt werden. Die Basis für sämtliche Maßnahmen wird bereits durch das jeweilige Geschäftsmodell gelegt. (1), (5)

Unternehmensfinanzierung muss zum Geschäftsmodell passen

Zwischen Geschäftsmodell und Finanzierungsstruktur besteht zwar nicht unbedingt eine "Eins-zu-eins-Beziehung", trotzdem sollte die Wachstumsstrategie die Zusammensetzung der einzelnen Finanzierungsinstrumente immer mitbestimmen. Aufgrund der Finanzkrise wächst bei den meisten Unternehmen inzwischen die Erkenntnis, dass ihre Unternehmensfinanzierungen nicht strategisch geplant waren, sondern dass die jeweiligen nötigen Finanzierungen eher situationsbedingt entstanden sind. Ebenfalls wurde deutlich, dass risikoorientierte Überlegungen kaum bedacht wurden. Detaillierte Prüfungen, ob eine Finanzierung langfristig wirklich zum eigenen Geschäftsmodell passt, wurden meist nicht durchgeführt. (2), (8)

Bevor sich ein Unternehmen allerdings für ein Finanzierungsinstrument entscheidet, sollte immer die Frage geklärt sein, wie das Geschäftsmodell genau aussieht. Welchen Zyklen unterliegt das Geschäft? Mit welchen Liquiditätszuflüssen ist überhaupt zu rechnen? Das sind beispielsweise Fragen, die das jeweilige Geschäftsmodell mit bestimmt. Eine strategisch wohlüberlegte

Unternehmensfinanzierung ist nicht nur in Krisenzeiten relevant, sie ist auch in wirtschaftlich guten Zeiten gefragt.(8)

Eine Studie der Strategieberatung Roland Berger bestätigt, dass die meisten mittelständischen Unternehmen bei der Finanzierung opportunistisch vorgehen. Das bedeutet, dass wichtige strategische Überlegungen bei Finanzierungsfragen nicht mit einbezogen werden. Wichtig wäre aber, zuerst die Ziele des Unternehmens zu definieren, das Geschäftsmodell zu analysieren und gegebenenfalls anzupassen. Steht die Firmenstrategie einmal fest, kann dann unter Berücksichtigung dieser Strategie, der eigentliche Finanzierungsbedarf ermittelt werden. Erst dann ist der richtige Zeitpunkt, sich über das jeweilige Risiko Gedanken zu machen. Die Unternehmensziele müssen bezüglich Flexibilität, Kosten und Risiko eingeplant werden. All diese Überlegungen und Ergebnisse sollten in den Geschäftsplan des Unternehmens einfließen, und das am besten längerfristig. Nur unter Berücksichtigung des Geschäftsmodells lässt sich der Finanzierungsbedarf eines Unternehmens wirklich kalkulieren. (2), (8)

Trends

Nachhaltige Geschäftsmodelle bestimmen die Zukunft

Klimawandel und Ressourcenknappheit werden das Umfeld der Unternehmen in den nächsten Jahrzehnten völlig umkrempeln. Daher werden nachhaltige Geschäftsmodelle immer häufiger altbekannte Strategien verdrängen. Deutsche Unternehmen sind hier im Vergleich zu ihrem internationalen Umfeld allerdings gut aufgestellt und könnten sogar eine Vorreiterrolle übernehmen. Dass ihnen der Vorsprung, den sie hier haben, in den kommenden Jahren auf dem Weltmarkt immens nützlich sein könnte, haben viele allerdings noch nicht realisiert. Die Unternehmen sind gefordert, sich den Anforderungen einer "Green Transformation" gezielt zu stellen und tief greifende Veränderungsprozesse zuzulassen. (10)

Fallbeispiele

Kaufhof mit neuem Geschäftsmodell

Das Kaufhaus Kaufhof setzt auf ein neues Geschäftsmodell. Als eines der ersten großen

Kaufhäuser plant es das Online- und Kaufhausgeschäft zusammenzulegen. Hierfür soll das Angebot auf der Homepage Galeria-kaufhof.de, ähnlich dem Filialangebot erweitert werden. Zusätzlich sollen beide Vertriebswege, wie beim Multichannel-Retailing miteinander verbunden werden. Multichannel-Retailing, d.h. der nahtlose Übergang zwischen den Vertriebsformen Online- und Filialhandel, gilt bei den Händlern als einer der künftig entscheidenden Erfolgsfaktoren. Allerdings hat bisher noch niemand ein Geschäftsmodell dieser Art umgesetzt, da die Computer- und Abrechnungssysteme, Lager, Logistikketten und Mitarbeiter darauf nicht eingerichtet sind. Trotzdem möchte Kaufhof ab September den Versuch starten. (5)

Beraterbranche überprüft ihr eigenes Geschäftsmodell

Selbst die Strategieberatungen überdenken ihre eigenen Strategien und entwickeln neue Geschäftsmodelle, seitdem sich die Marktlage aufgrund der Finanzkrise verschlechtert hat. Um sich den Umständen anzupassen, versuchen die großen Consulting-Unternehmen, neue Marktbereiche zu erobern, auch wenn diese mit der klassischen Strategieberatung kaum Berührungspunkte haben.

Selbst der Marktführer McKinsey verspricht neben der klassischen Beratung, auch bei der Umsetzung der Strategiekonzepte zu helfen. Die Suche nach neuen Umsatzquellen beschäftigt auch Boston Consulting. Dort gehören die Sanierungsberatung, die IT-Beratung und die IT-Umsetzung mit Hilfe der Tochter Platinion zu den neuen Geschäftsfeldern. Insgesamt geht der Trend zur Beratung aus einer Hand. Auch Wirtschaftsprüfungsgesellschaften, wie PWC und Deloitte versuchen durch den weiteren Ausbau ihrer jeweiligen Beratungssparte neue Märkte zu erobern. (6)

BayernLB sucht passendes Geschäftsmodell

Seit der Finanzkrise sehen Wirtschaftsexperten die Zukunft der Bayrischen Landesbank eher kritisch. Neben der WestLB, der HSH Nordbank und der Landesbank Baden-Württemberg musste auch die BayernLB, während der Finanzmarktkrise, auf die massive Unterstützung durch die Eigner zurückgreifen. Der Freistaat Bayern sprach Garantien aus und überwies 10 Milliarden Euro. Bisher lief die Sanierung der Landesbank auch problemlos, im letzten Quartal allerdings, verschlechterten sich die Zahlen, auch wegen der notwendigen höheren Risikovorsorge bei der ungarischen Tochter MKB.

Jetzt ist die BayernLB auf der Suche nach dem richtigen Partner und überprüft bereits eine Fusion mit der WestLB, die letztendlich nun doch nicht zustande kommen wird. Banken-Experten gehen davon aus, dass die Bayrische Landesbank entweder einen privaten Investor findet, oder sich der gesamte Markt der Landesbanken stark verändert. Es ist nicht zu erwarten, dass sich die BayernLB auf Dauer alleine behaupten kann. Es gibt wohl kein langfristig gesundes Geschäftsmodell für die Bank alleine. (7)

Bereitschaft für Online-Zeitungstexte zu bezahlen wächst und erfordert neue Geschäftsmodelle

Der Verband Deutscher Lokalzeitungen diskutiert auf dem Experten-Forum Meine lokale Welt, ob Internetnutzer generell bereit wären, für journalistische Texte im Internet zu bezahlen, die bisher gratis zur Verfügung standen. Grundsätzlich schätzen die Verlage die Situation positiv ein und glauben daran, dass besonders junge Nutzer, für gute journalistische Inhalte auch bezahlen würden. Erste Erfahrungen hat das "Hamburger Abendblatt" bereits gesammelt. So wächst wohl die Zahl der Nutzer, die sich für ein Abonnement mit längeren Laufzeiten entscheiden. Auch Axel Springers Abendblatt.de hat mit dem neuen Geschäftsmodell, der Einführung des "Freemium-Modells", ein Mischkonzept aus Gratis- und Bezahlinhalten erfreuliche Erfahrungen gemacht. So konnten die Zugriffszahlen im Vergleich zum Vorjahr um 20 Prozent gesteigert werden. Mit insgesamt rund 7,3 Millionen Visits erreicht das Abendblatt.de, den höchsten Wert, den die Zeitung je gemessen hat. Auch internationale Studien bestätigen, dass es besonders junge Nutzer in Erwägung ziehen, für Webinhalte von Printmarken zu bezahlen. (3)

Bargeldloses Bezahlen ist weiterhin ein Trend, aber auch hier sind im Hinblick auf Sicherheit neue Geschäftsmodelle gefragt

In diesem Jahr feiert das electronic-cash-System seinen zwanzigsten Geburtstag und erfreut sich immer größerer Beliebtheit. Der Umsatzanteil von Bargeld sinkt kontinuierlich, während der Anteil von electronic-cash (ec) auf fast 20 Prozent am Einzelhandelsumsatz gestiegen ist. Electronic-cash gilt damit als unangefochtener Marktführer bei den unbaren Zahlungsmethoden in Deutschland. Vieles spricht dafür, dass sich dieser Trend fortsetzen wird. Nur muss auch dieses Geschäftsmodell ständig überdacht werden. Damit noch mehr Menschen die Karte zur Bezahlung nutzen, muss ein Umfeld geschaffen werden, das Kartenzahlungen noch sicherer, komfortabler und effizienter macht. Hierfür werden künftig hohe Investitionen in Innovationen seitens der Kartenherausgeber nötig. Daher haben die Sparkassen ein neues Konzept zur Weiterentwicklung des ec-Systems entwickelt. Unter anderem soll das Leistungsangebot des ec-Systems neu strukturiert werden. Das Bezahlen mit Karte soll mit und ohne Zahlungsgarantie möglich sein. Das ermöglicht den Händlern ein neues Entgeltsystem für jede einzelne Zahlung, womit ein höherer Umsatz generiert und damit einhergehend größere Gewinne erwartet werden. Davon sollen wiederum die zukünftig nötigen Innovationen bezahlt werden. (4)

Weiterführende Literatur

(1) Feinschliff am Geschäftsmodell
aus TextilWirtschaft 52 vom 30.12.2010 Seite 022

(2) Passt die Finanzierung zum Geschäftsmodell?
aus FINANCE - Der Markt für Unternehmen und Finanzen Heft Sonderbeilage November vom 29.10.2010, Seite 6

(3) Hoffnung der Verlage in Paid Content wächst
aus HORIZONT 45 vom 11.11.2010 Seite 008

(4) Ungebrochener Trend zum unbaren Bezahlen
Neues Geschäftsmodell für electronic cash fördert Wettbewerb
aus Betriebswirtschaftliche Blätter, November 2010, Nr. 11, S. 612

(5) Kaufhof wagt neues Geschäftsmodell Konzern verknüpft Online- und Filialgeschäft // Breites Sortiment auch im Internet // FTD-Gespräch mit Firmenchef Mandac
aus Financial Times Deutschland vom 14.12.2010, Seite 5

(6) Beraterbranche in der Krise Das Geschäftsmodell der Strategen wackelt
aus HANDELSBLATT online 07.11.2010 10:00:35

(7) Geschäftsmodell gesucht
aus Handelsblatt Nr. 224 vom 18.11.2010 Seite 34

(8) Finanzierung nach Plan
aus Markt und Mittelstand vom 03.12.2010, Nr. 12, S. 24

(9) Entwicklungstrends in der Konzernorganisation
aus ZFO - Zeitschrift Führung und Organisation 01/2011, S.042

(10) Weltmarktführer beim Umweltschutz
aus ZFO - Zeitschrift Führung und Organisation

Impressum

Geschäftsmodelle - Die Unternehmen erneuern sich

Bibliografische Information der deutschen Nationalbibliothek

Die Deutsche Nationalbibliothek verzeichnet diese Publikation in der deutschen Nationalbibliografie; detaillierte bibliografische Daten sind im Internet über http://dnb.d-nb.de abrufbar.

ISBN: 978-3-7379-1272-3

© 2015 GBI-Genios Deutsche Wirtschaftsdatenbank GmbH, Freischützstraße 96, 81927 München, www.genios.de

Alle Rechte vorbehalten. Dieses Werk ist einschließlich aller seiner Teile – z.B. Texte, Tabellen und Grafiken - urheberrechtlich geschützt. Jede Verwertung außerhalb der Grenzen des Urheberrechtsgesetzes bedarf der vorherigen Zustimmung des Verlags. Dies gilt insbesondere auch für auszugsweise Nachdrucke, fotomechanische Vervielfältigungen (Fotokopie/Mikroskopie), Übersetzungen, Auswertungen durch Datenbanken oder ähnliche Einrichtungen und die Einspeicherung und Verarbeitung in elektronischen Systemen.